Comer sano

Las verduras

Nancy Dickmann

Heinemann Library
Chicago, Illinois

www.heinemannraintree.com
Visit our website to find out more information about Heinemann-Raintree books.

To order:
☎ Phone 888-454-2279
💻 Visit www.heinemannraintree.com to browse our catalog and order online.

Edited by Siân Smith, Nancy Dickmann, and Rebecca Rissman
Designed by Joanna Hinton-Malivoire
Picture research by Elizabeth Alexander
Production by Victoria Fitzgerald
Originated by Capstone Global Library Ltd
Printed and bound in China by South China Printing Company Ltd
Translation into Spanish by DoubleOPublishing Services

14 13 12 11 10
10 9 8 7 6 5 4 3 2 1

Library of Congress Cataloging-in-Publication Data
Dickmann, Nancy.
  [Vegetables. Spanish]
  Las verduras / Nancy Dickmann.
    p. cm.—(Comer sano)
  Includes bibliographical references and index.
  ISBN 978-1-4329-5128-3 (hc)—ISBN 978-1-4329-5135-1 (pb)
  1. Vegetables in human nutrition—Juvenile literature. I. Title.
  QP144.V44D5318 2011
  613.2—dc22   2010027733

Acknowledgements
We would like to thank the following for permission to reproduce photographs: © Capstone Publishers pp.**16**, **22** (Karon Dubke); Alamy pp.**20**, **23 middle** (© MBI); Corbis pp.**10** (© amanaimages), **21** (© Gideon Mendel); Getty Images p.**17** (Robert Daly/OJO Images); iStockphoto pp.**4**, **23 bottom** (© Dana Bartekoske), **7** (© David T. Gomez), **8** (© Shane Cummins), **11** (© Jon Faulknor), **14** (© Doug Schneider), **15** (© Francisco Romero), **23 top** (© Mark Hatfield); Photolibrary pp.**5** (Image Source), **6** (Mode Images), **12** (OJO Images/ Andrew Olney), **13** (Jasper James); Shutterstock pp.**9** (© Elena Kalistratova), **18** (© Monkey Business Images); USDA Center for Nutrition Policy and Promotion p.**19**.

Front cover photograph of vegetables reproduced with permission of © Capstone Publishers (Karon Dubke). Back cover photograph reproduced with permission of iStockphoto (© Doug Schneider).

We would like to thank Dr Sarah Schenker for her invaluable help in the preparation of this book.

Every effort has been made to contact copyright holders of material reproduced in this book. Any omissions will be rectified in subsequent printings if notice is given to the publishers.

Contenido

¿Qué son las verduras?

Una verdura es un tipo de planta que se come.

Comer verduras puede
mantenernos sanos.

zanahoria

Algunas verduras crecen bajo la tierra.

arvejas

Algunas verduras crecen sobre la tierra.

Mira las verduras

cebolla

Algunas verduras son pequeñas
y redondas.

habichuela

Algunas verduras son largas y delgadas.

Muchas verduras son verdes.

remolacha

zanahoria

Algunas verduras son anaranjadas
o moradas.

¿Cómo nos ayudan las verduras?

Las verduras están llenas de nutrientes.

Necesitas nutrientes para
mantenerte sano.

Comer zanahorias mantiene la piel y los ojos sanos.

Comer espinaca es bueno para
la sangre.

Comer batatas te da energía.

Se necesita energía para trabajar y jugar.

Comer sano

Debemos comer cinco porciones de
frutas y verduras todos los días.

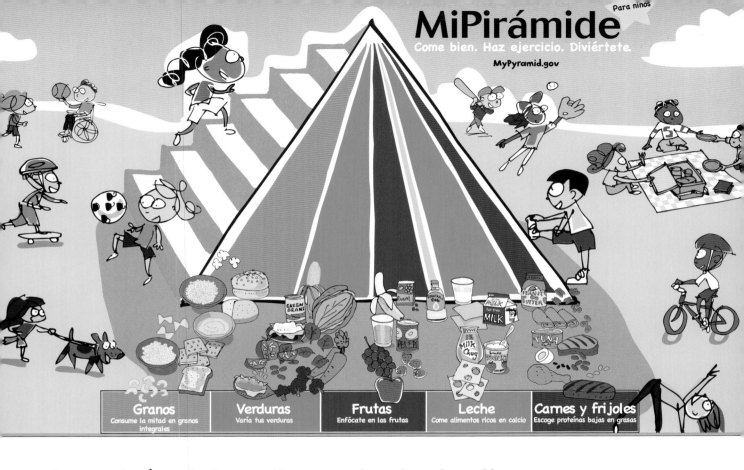

La pirámide alimentaria indica que debemos comer alimentos de cada grupo de alimentos.

19

Comemos verduras para
mantenernos sanos.

¡Comemos verduras porque
son deliciosas!

Busca las verduras

Ésta es una cena saludable.

¿Puedes encontrar dos verduras?

Respuesta en la página 24